AF316633

TABLE DES MATIÈRES

FRANCS-MAÇONS

J-J Lefrançois de Lalande,
Encyclopédie, Genève, t. XV,
p.357-361.

L a société ou l'ordre des francs-maçons est la réunion de personnes choisies qui se lient entr'elles par une obligation de s'aimer comme frères, de s'aider dans le besoin, et de garder un silence inviolable sur tout ce qui caractérise leur ordre.

La manière dont les francs-maçons se reconnaissent de quelque pays qu'ils soient, en quelque lieu de la terre qu'ils se rencontrent, fait partie du secret, c'est un moyen de se rallier, même au milieu de ceux qui leur sont étrangers, et qu'ils appellent *profanes*.

Il y avait, chez les Grecs, des usages semblables :

les initiés aux mystères de Cérès et de la bonne déesse, avaient des paroles et des signes pour se reconnaître ; comme on le voit dans Arnobe et dans Clément d'Alexandrie. On appelle *symbole* ou *collation* ces paroles sacrées et essentielles pour la reconnaissance des entités, et c'est de là qu'est venu le nom de symbole qu'on donne à la profession de foi qui caractérise les chrétiens.

Tout ce qui tend à unir les hommes par des liens plus forts, est utile à l'humanité. Sous ce point de vue, la maçonnerie est respectable ; le secret qu'on y observe est un moyen de plus pour cimenter l'union intime des francs-maçons ; plus nous sommes isolés et séparés du grand nombre, plus nous nous tenons à ce qui nous environne. L'union des membres d'un royaume, d'une même province, d'une même ville, d'une même famille, augmente par gradation ; aussi l'union maçonnique a-t-elle été plus d'une fois utile à ceux qui l'ont invoquée, plusieurs maçons lui durent et la fortune et la vie.

Les obligations que l'on contracte parmi les maçons ont pour objet la vertu, la patrie et l'ordre maçonnique. Les informations que l'on prend au sujet de celui qui se présente pour être reçu maçon, assurent ordinairement la bonté du choix; les épreuves qui précèdent la réception, servent à constater la fermeté et le courage qui sont nécessaires pour garder un secret, comme pour pratiquer efficacement la vertu, d'où résulte nécessairement une association choisie, préparée et cimentée avec soin.

Nos lecteurs pensent bien qu'une institution fondée sur le secret le plus profond ne peut être développé dans cet ouvrage ; mais nous pouvons en dire assez pour assurer au moins ceux qui n'auraient pas été initiés à ces mystères, et pour intéresser même encore la curiosité des francs-maçons.

On a imprimé divers ouvrages au sujet de la maçonnerie. Il y en a même où l'on annonce formellement l'explication des secrets ; mais ces livres sont désavoués par tous les frères, à qui il est défendu de rien écrire sur la maçonnerie ; et quand même ils contiendraient quelque chose de leurs mystères, ils ne pourraient servir à des profanes ; la manière de se faire reconnaître est accompagnée de circonstances qu'on ne saurait apprendre dans un livre ; celui qui n'aurait pas été reçu dans une loge, ignorerait la principale partie des pratiques de la maçonnerie, il serait bientôt reconnu et chassé, au lieu d'être traité en frère.

L'origine de la maçonnerie se perd, comme tant d'autres, dans l'obscurité des temps. Le caractère de cette institution était d'ailleurs un secret inviolable, il n'est pas étonnant qu'on ignore son origine plus que tout autre établissement. On la fait communément remonter aux croisades, ainsi que l'ordre de Saint-Jean de Jérusalem ou de Malte, et d'autres ordres qui ne subsistent plus. On croit que les chrétiens, dispersés parmi les infidèles, et obligés d'avoir des moyens de ralliement, convinrent entre eux de signes et de paroles que l'on communiquait aux chevaliers chrétiens sous le sceau du secret, et qui se perpétuèrent entre eux à leur retour en Europe : la religion était le principal motif de ce mystère.

La réédification des temples détruits par les infidèles, pouvait être aussi un des objets de la réunion de nos pieux chevaliers, et c'est peut-être de là que vient la dénomination de maçons ; et peut-être que les symboles d'architecture dont on se sert encore parmi les francs-maçons, doivent leur origine à cet objet d'association.

Il paraît que les Français ou les Francs, plus ardents que toutes les autres nations, pour la conquête de la Terre Sainte, entrèrent aussi plus particulièrement dans l'union maçonnique ; ce qui a pu donner lieu à l'épithète de francs-maçons.

Dans un ouvrage anglais, imprimé en 1767, par ordre de la grande loge d'Angleterre, on fait remonter bien plus haut le roman de la maçonnerie ; mais écartons tout ce qui a l'air fabuleux. Il est parlé d'un établissement plus ancien que les croisades, fait sous Athelstan, petit-fils d'Alfred, vers l'an 924. Ce prince fit venir des maçons de France et d'ailleurs ; il mit son frère Edwin à leur tête ; il leur accorda des franchises, une jurisdiction et le droit d'avoir des assemblées générales. Le prince Edwin rassembla les francs et véritables maçons à York, où se forma la grande loge, l'an 926. On rédigea des constitutions et des lois pour les faire observer. Depuis ce temps-là on cite plusieurs évêques ou lords comme grands-maîtres des maçons ; mais on peut douter que cette société de maçons eût un rapport avec l'objet dont il s'agit ici.

Édouard III , qui parvint au trône en 1327 , donna aux constitutions des maçons une meilleure forme ; un ancien mémoire porte que les loges étant devenues nombreuses, le grand-maître à la tête de la grande loge et du consentement des lords du royaume, qui étaient alors presque tous francs-maçons, firent divers articles de règlements.

Mais le fait le plus authentique et le plus ancien qu'on puisse citer dans l'histoire de la maçonnerie, est de l'année 1425. Le roi d'Angleterre, Henri VI, était mineur ; un parlement ignorant entreprit de détruire les loges, et défendit aux maçons, sous peine d'amende et de prison, de s'assembler en congrégations, comme on le voit dans le Recueil des actes du parlement d'Angleterre, sous la troisième année du règne d'Henri VI, où je l'ai vérifié. Cependant cet acte de parlement fut sans exécution ; il paraît même que ce prince fut admis dans la suite parmi les maçons, d'après un examen par demandes et par réponses, publié et commenté par Locke, et qu'on a jugé avoir été écrit de la propre main d'Henri VI. L'auteur prétend à cette occasion, que les maçons n'ont point du tout de secret, ou que leurs secrets sont tels qu'ils se rendraient ridicules en les publiant : c'est ainsi qu'on aime à se venger de ce qu'on ignore.

La reine Elisabeth, ayant ouï dire que les maçons avaient certains secrets qu'ils ne pouvaient pas lui confier, et qu'elle ne pouvait être à la tête de leur ordre, en conçut un mouvement de jalousie et de dépit contre eux ; elle envoya des troupes pour rompre l'assemblée annuelle de la grande loge qui se tenait à York le jour de la Saint-Jean, 27 décembre 1561. Cependant, sur le rapport qui lui en fut fait par des personnes de confiance, elle laissa les maçons tranquilles.

La maçonnerie fleurissait aussi dans le royaume d'Écosse , longtemps avant sa réunion à la couronne d'Angleterre, qui fut faite en 1603. Les maçons d'Ecosse regardent comme une tradition certaine que Jacques I, couronné en 1424 , fut le protecteur et le grand-maître des loges , et qu'il établit une juridiction en leur faveur. Le grand-maître qu'il députait pour tenir sa place, était choisi par la grande loge, et recevait quatre livres de chaque maître maçon. Davy Lindsay était grand-maître en 1642. Il y a encore à Killwinning, à Sterling, à Aberdeen , des loges anciennes, où l'on conserve de vieilles traditions à ce sujet.

On assure, dans l'ouvrage anglais que nous avons cité, et dont nous faisons l'extrait, qu'Inigo Jones , célèbre architecte anglais, disciple de Palladio, fut député grand-maître de l'ordre des francs-maçons , et l'on y donne l'histoire de tous les grands édifices qu'il fit construire. On trouve après lui Christophe Wrein, sous le titre de grand-surveillant; ce fut lui qui fit rétablir toutes les églises de Londres, après le terrible incendie de 1666, et spécialement la fameuse église de S. Paul, qui, après celle de S. Pierre du Vatican, est regardée comme la plus belle église du monde. Il tint une loge générale, le 27 décembre 1663 , comme on le voit dans une copie des anciennes constituions, et l'on y fit un nouveau règlement pour l'administration des francs-maçons : il fut grand-maître en 1685.

En 1717, il fut décidé que les maîtres et les surveillants des différentes loges s'assembleraient tous les trois mois en communication ; c'est ce qu'on appelle le *quartely communication*; et à Paris, assemblée de quartiers. Lorsque le grand-maître est présent, c'est une loge *in ample form* ; sinon elle est seulement *in due form*, mais elle a toujours la même autorité.

En 1718, Georges Payne, grand-maître, voulut qu'on apportât à la grande loge les anciens mémoires concernant les maçons et la maçonnerie, pour faire connaître ses anciens usages, et se rapprocher des institutions primitives ; on produisit alors plusieurs vieilles copies de constitutions gothiques.

En 1719, le grand-maître Jean-Théophile Desaguliers, fit revivre l'ancienne régularité des *toasts* ou santés que l'on porte dans les banquets ou loges de table à l'honneur du roi, des maçons, etc. ; mais on brûla beaucoup d'anciens papiers concernant la maçonnerie et ses règlements secrets, surtout un qui avait été fait par Nicolas Stone, surveillant sous Inigo Jones, et qu'on a beaucoup regretté ; mais on voulait prévenir tout ce qui pouvait donner aux usages de la maçonnerie une publicité qui est contre l'esprit de l'ordre.

À Londres en 1721 le nombre de loges étant fort augmenté et l'assemblé générale exigeant beaucoup de place, on la tint dans une salle publique. Le duc de Montaigu fut élu grand-maître et installé. On nomma des commissaires pour examiner un manuscrit d'Anderson sur les constituions de l'ordre, et l'on ordonna l'impression le 17 janvier 1723. Ce fut alors que la réputation de la maçonnerie se répandit de tous côtés.

En 1738, on élu M. Le duc d'Antin pour grand-maître général et perpétuel des maçons dans le royaume de France. La maçonnerie qui avait été plusieurs fois persécutée en Angleterre le fut aussi en France. Cela n'empêcha pas les gens les plus distingués de la cour et de la ville de s'agréger à la maçonnerie.

En 1767, il y eut encore une interruption par ordre du ministère, dans les travaux de la grande loge ; mais elle les a repris en 1771, sous la protection qui a succédé à M. Le comte de Clermont dans la dignité de grand-maître, et qui s'intéresse véritablement à la maçonnerie. Ce prince a été solennellement installé et reconnu dans une assemblée générale des députés de toutes les loges du royaume, le 22 octobre 1773. Des maîtres de loges aussi zélés que lettrés, se sont trouvés à la tête de l'administration, ont fait pour toutes les loges régulières de France, de nouveaux règlements, et la maçonnerie a repris dans le royaume une nouvelle confiance.

Si cette association a été suspecte en France, seulement parce qu'elle n'était pas connue, il n'est pas surprenant qu'elle ait été persécutée en Italie. Il y a deux bulles de la cour de Rome contre l'ordre des francs-maçons ; mais comme elles étaient fulminées sur des caractères qui n'étaient point ceux des véritables francs-maçons, ils n'ont point voulu s'y reconnaître, et ils se regardent tous comme étant très en sûreté de conscience malgré les bulles. La pureté de leur morale et la régularité de leur conduite doivent en effet les rassurer totalement.

L'Allemagne et la Suède ont saisi avec zèle les avantages de la maçonnerie. Le roi de Prusse, après y avoir été agrégé, s'en est déclaré le protecteur dans ses états, ainsi qu'il l'est des sciences et de toutes les institutions utiles. Le nombre des francs-maçons s'était trop multiplié pour qu'il ne s'y établit pas de distinction de grades ; ils sont même en très grand nombre, et ils mettent entre les différents ordres des maçons des différences très marquées, relativement au rang et aux lumières, de même que par rapport aux objets dont on s'occupe dans chaque loge. La maçonnerie a continué de s'étendre aussi en Angleterre ; on y a frappé une médaille en 1766, avec cette exergue : *Immortalitati ordinis.*

D'un autre côté, les profanes se sont égayés aux dépens de la maçonnerie : on a gravé une immense caricature qui représente une procession burlesque et ridicule des Frans-maçons ; mais ceux-ci ont fait peu d'attention aux sottises d'une populace ignorante. Cependant l'ordre s'est soutenu et accru en Angleterre au point qu'en 1771 les francs-maçons ont cru pouvoir paraître au grand jour ; ils ont représenté au parlement de la nation, qu'ils avaient de quoi bâtir une loge qui contribuerait à l'embellissement de la capitale, et même de quoi faire une fondation pour l'utilité publique ; ils ont demandé en conséquence d'être reconnus et autorisés comme tous les autres corps de l'état. Il paraît que la demande eut été acceptée, si les francs-maçons de la chambre haute ne s'y étaient opposés ; ils ont pensé qu'une institution qui est toute mystérieuse et secrète ne devait rien avoir d'aussi public, et que cette ostentation pourrait porter atteinte au but de la maçonnerie.

sans rien approuver ni condamner. [1]

M. Galatin, aujourd'hui ministre du trésor public, aux États-Unis, m'a fait passer deux copies, manuscrites, d'un ouvrage posthume de Thomas Paine, sur les anciens Druides et sur l'Origine et le but de la Franc-Maçonnerie, dans l'univers.

Un de mes amis les a reçues pour moi, après quatorze mois de date. Il y avait dans le même envoi des lettres de Benjamin Bonneville, de Thomas Bonneville, et une autre de leur Mère. Elles m'ont appris que Thomas Paine avait rempli la promesse qu'il m'avait donnée d'être le protecteur et le père adoptif de ma famille, aux États-Unis, où j'avais dessein de me rendre, si la chose eût été possible.

Thomas Paine, dans une de ses dernières lettres, confiée à M. Madisson, aujourd'hui Président des États-Unis, me disait, avec la plus grande amitié, d'être sans inquiétude sur le sort de mes enfants, et il m'appelait en Amérique, à grands cris.

J'ai reçu la lettre de Thomas Paine, *un an après sa mort*, par le général Armstrong, ambassadeur américain, avec un discours *imprimé* aux États-Unis; discours éloquent et d'un excellent homme, où j'ai vu que le testament de Thomas Paine commençait ainsi :

«En retour pour la compassion qu'il a eue pour moi dans mes pires jours de tribulation, je nomme pour mes légataires la femme et les enfants de (Nicolas Bonneville) mon bienfaiteur. »

L'Essai de Thomas Paine, sur *l'origine de la franc-Maçonnerie*, ingénieusement écrit dans son style populaire, pourrait servir d'*introduction* et de *Complément* à l'ouvrage de Charles François Dupuis sur *l'origine des Cultes*.

Thomas Paine a fait semblant d'avoir écouté à la porte du sanctuaire, mais il n'en est rien.

Comme son ami, son hôte, souvent aux plus grand jour du danger son interprète fidèle, et quelquefois son coopérateur, surtout dans le *Pacte maritime*, je donnerai, *sans rien approuver ni condamner*, une traduction littérale de son ouvrage,

aujourd'hui aux États-Unis la propriété de mes
enfants.

---

1. «Ce passage est tiré du livre ix des *nouveaux essais* de N.
Bonneville entièrement consacré à de petits fragments anglais
et français, d'un style facile, épistolaire, *sans appareil et sans
prétention*, comme les petits *contes* des amis de l'enfance,
Perrault, Weisse, Campe, Berquin, Cécilia Burney, les *Confes-
sions* de Jean-Jacques, ses *Promenades solitaires choisies des
spectateurs, observateurs, Babillards, des rôdeurs, des Prome-
neurs*, etc., et autres faiseurs d'Essais, à la manière de Knox et
de Montaigne, qui appelait effrontément son style, quand il en
était content, le bon langage des halles, qui, *tout maussade et
tout marmiteux*, était entre les mains de l'*expertise* et de la
preud'homie, la plus énergique peinture des passions et des
mœurs du temps. »

DE L'ORIGINE DE LA FRANC-MAÇONNERIE

THOMAS PAINE

I

Les Francs-Maçons ont un secret qu'ils cachent soigneusement; on a toujours été d'accord là-dessus. Mais d'après tout ce qu'on peut recueillir de leurs propres rapports sur la Maçonnerie, leur véritable secret n'est rien autre chose que leur origine, que peu d'entre eux connaissent, et que ceux qui ne l'ignorent pas couvrent des ombres du mystère.

La société des Maçons est formée de trois classes ou degrés :

1° Apprenti,

2° Compagnon,

3° Maître-Maçon.

L'apprenti ne connaît guère autre chose de la Maçonnerie que l'usage de signes, d'attouchements, de certains pas, et quelques *mots d'ordre*, par lesquels les Maçons peuvent se reconnaître entre eux, sans être découverts par qui ne serait pas Maçon.

Le compagnon n'est guère plus instruit que l'apprenti.

C'est dans la loge du Maître maçon seulement que tout ce qu'on sait de l'origine de la Maçonnerie se conserve et *se tient caché*.

En 1730, Samuel Pritchard, membre d'une loge constituée, en Angleterre, publia un traité intitulé : *Maçonnerie disséquée* et *fit serment* devant le maire de Londres que c'était une véritable *instruction*.

« Samuel Pritchard *fait serment* que la copie ci-annexée est une copie véritable et entière dans toutes ses parties ».

Dans son ouvrage, il donne *le Catéchisme*, ou examen par demandes et par réponses, de l'apprenti, du compagnon et du maître maçon. Il n'y avait pas grande difficulté à cela, car ce *Catéchisme* n'est ici qu'une affaire de forme.

Il dit dans son introduction :

« L'institution primitive de la Maçonnerie consiste dans la fondation des sciences et des arts libéraux, mais plus spécialement de la Géométrie ; car lorsqu'on bâtissait la Tour de Babel, l'art et le mystère de la Maçonnerie furent d'abord introduits, transmis ensuite à Euclide, digne et excellent mathématicien des Égyptiens, et communiqués par lui à Hiram, maître maçon, chargé de bâtir le temple de Salomon à Jérusalem. »

Outre l'absurdité de faire dériver la Maçonnerie de la construction de la Tour de Babel, où, suivant l'histoire, la confusion des langues empêcha les *bâtisseurs* de s'entendre les uns les autres, et par conséquent de se communiquer mutuellement leurs connaissances, on voit là une contradiction manifeste en point de chronologie.

Le temple de Salomon fut bâti 1004 ans avant l'ère chrétienne, et Euclide, suivant les *Tables chronologiques*, vivait 277 ans avant cette ère-là ; il est donc impossible qu'Euclide ait pu communiquer quelque chose à Hiram, puisque cet Euclide n'a vécu qu'environ 700 ans après Hiram.

En 1783, le capitaine George Smith, inspecteur de l'académie royale d'artillerie à Woolwich en Angleterre, et grand-maître provincial de la maçonnerie pour le comté de Kent, a publié un traité intitulé: *de l'usage et de l'abus de la franc-Maçonnerie.*

Dans son chapitre intitulé : « De l'antiquité de la Maçonnerie, » il la fait contemporaine de la création.

«Quand, dit-il, le *souverain architecte* composa, sur des principes maçonniques, le beau globe, et commanda à la maîtresse science (géométrie) de tracer le monde planétaire, et de régler par ses lois tout le merveilleux système dans une juste et inaltérable proportion, roulant autour du soleil central... »

« Mais, continue-t-il, je n'ai pas la liberté de *tirer le rideau* et de m'étendre ouvertement sur ce chapitre. Il est *sacré* et restera toujours sacré. Ceux qui ont été honorés de ce secret ne le trahiront pas; ceux qui l'ignorent ne pourront le trahir. »

Par cette dernière partie de la phrase, Smith veut parler des deux classes inférieures, le compagnon et l'apprenti ; car il dit, à la page suivante :

« Ce n'est pas à tous ceux qui sont purement initiés dans la Maçonnerie que l'on en confie tous les mystères : ils ne s'obtiennent ni par le temps ni par toutes sortes d'individus. »

Le savant, mais infortuné Docteur Dodd, grand chapelain de la Maçonnerie, dans son discours pour la dédicace de la salle des Francs-Maçons à Londres, nous montre la Maçonnerie dans une infinité de stages. Les Maçons, dit-il, sont Bien-Informés par leurs archives particulières et intérieures, que la construction du temple de Salomon est une ère importante, d'où ils dérivent beaucoup de mystères de leur art; maintenant, dit-il, il faut se rappeler que ce grand événement eut lieu plus de mille ans avant l'ère chrétienne, et conséquemment plus d'un siècle avant Homère, le premier des poètes grecs, et plus de cinq siècles avant que Pythagore eut apporté de l'Orient son sublime système de véritable instruction maçonnique, pour illuminer notre monde occidental.

« Mais, quelque éloignée que soit cette période, nous ne datons pas de là le commencement de notre art ; car quoiqu'il puisse devoir au sage et glorieux roi d'Israël quelques-unes de ses mille et mille formes mystiques et cérémonies hiéroglyphiques, il est certain que l'art lui-même est contemporain de l'Homme, son grand objet.

«Nous pouvons suivre sa route, continue-t-il, à travers les siècles les plus reculés et chez les nations les plus éloignées. Nous le trouvons parmi les premiers peuples civilisés et les plus célèbres de l'Orient. Nous le voyons descendre régulièrement des premiers astronomes des plaines de la Chaldée, jusqu'aux sages et mystiques rois et prêtres de l'Égypte, jusqu'aux sages de la Grèce et aux philosophes de Rome. »

D'après ces rapports et les déclarations des écrivains de l'ordre le plus élevé de l'Institut maçonnique, nous voyons que la Maçonnerie, sans le déclarer publiquement, oserait prétendre à quelque communication de la part du créateur transmise d'une manière différente et sans nul rapport avec le livre que les chrétiens appellent la Bible; et le résultat naturel de toutes ces insinuations, est que la Maçonnerie dérive de quelque ancienne et très ancienne religion, entièrement indépendante de la Bible, et sans aucune liaison avec ce livre-là.

Pour arriver au point principal, la Maçonnerie (comme je le montrerai par ses coutumes, ses cérémonies, ses hiéroglyphes et sa chronologie) est dérivée, et n'est que les débris de la religion des *anciens druides*, qui, semblables aux Mages de la Perse, aux prêtres d'Heliopolis en Égypte, étaient *Prêtres du soleil*. Ils rendaient un culte à ce grand luminaire, comme au grand agent visible d'une grande cause invisible, qu'ils appelaient le Temps sans limites...

Dans la Maçonnerie, plusieurs cérémonies des Druides sont conservées dans leur état naturel, ou du moins sans parodie. Avec eux le Soleil est toujours le Soleil; et son image, sous la forme du Soleil, est le grand emblème des loges et des ornements maçonniques. C'est la figure centrale de leurs tabliers, et ils le portent aussi sur le sein, dans leurs loges et dans leurs processions...

A quelle période de l'antiquité ou chez quelle nation cette religion a-t-elle été d'abord établie ? C'est une chose perdue dans le labyrinthe des siècles écoulés. On l'attribue généralement aux anciens Égyptiens, aux Babyloniens, aux Chaldéens; réduite ensuite dans un système régulier par le cours apparent du soleil à travers les douze signes du Zodiaque, à

Zoroastre, le législateur de la Perse, d'où Pythagore la transporta en Grèce. C'est à cela même que se rapporte le passage que nous avons cité du discours du docteur Dodd.

Le culte du Soleil, comme le grand agent visible d'une grande première cause invisible (*le temps sans limites*) se répandit dans une partie considérable de l'Asie et de l'Afrique, de là en Grèce, à Rome, à travers les anciennes Gaules et dans la Bretagne et l'Irlande.

Smith, dans son chapitre *de l'antiquité de la Maçonnerie en Bretagne*, dit que: «Malgré l'obscurité qui enveloppe l'histoire maçonnique de ce pays (l'Angleterre), diverses circonstances contribuent à prouver que la Franc-Maçonnerie fut introduite en Bretagne, (la Grande-Bretagne) environ mille ans avant le Christ. »

Ce n'est point à la Maçonnerie, dans son état actuel, que Smith peut faire allusion. Les Druides florissaient dans la Bretagne aux temps dont il parle, et c'est d'eux que la Maçonnerie est descendue. Smith a mis l'enfant à la place du père.

Il arrive souvent, soit en écrivant, ou dans la conversation, qu'une personne laisse échapper une expression qui sert à révéler ce qu'elle a dessein de cacher; et c'est précisément le cas de Smith, car il dit dans le même chapitre : « Les Druides, quand ils voulaient confier quelque chose *par écrit*, se servaient de l'alphabet *grec*, et j'aurais l'audace d'affirmer que les restes les plus parfaits des rites et des cérémonies des Druides sont conservés dans les coutumes et les cérémonies des Maçons dans tout l'univers.

« Mes frères pourraient, dit-il, les retracer avec une exactitude plus grande qu'il ne m'est permis de l'expliquer au public. »

Voilà la confession d'un maître Maçon, qui voudrait n'être pas entendu du public, qui avoue que la Maçonnerie est un *débris* de la religion des Druides. Je dirai dans le cours de cet ouvrage pourquoi les Maçons font de cette origine *un secret*.

Les druides étudiaient et contemplaient le créateur dans ses œuvres; le grand agent visible dans cet être, le soleil, était l'objet visible de leur adoration : tous leurs rites, toutes leurs cérémonies avaient rapport au cours apparent de cet astre dans le Zodiaque, et à son influence sur la terre [1]. Les Maçons ont adopté les mêmes pratiques: la voûte de leur temple ou loge est ornée d'un soleil, et le plancher est une représentation de la face variée de la terre, en tapis ou en *mosaïque*.

La salle des Francs-Maçons (dans Lincoln-Inn-Fields — *Queen street*, rue de la Reine), est un magnifique bâtiment: il a coûté près de 12 000 livres sterling. Smith, en parlant de ce bâtiment, dit (page 152): «La voûte de cette salle magnifique, est, suivant toute probabilité, le plus rare morceau de la plus belle architecture en Europe. Au centre de cette voûte, le soleil le plus resplendissant est représenté en or *bruni* et entouré des douze signes du Zodiaque, avec leurs caractères respectifs :

Aries	♈	le Bélier.
Taurus	♉	le Taureau.
Gemini	♊	les Gemeaux.
Cancer	♋	l'Ecrevisse.
Leo	♌	le Lion.
Virgo	♍	la Vierge.
Libra	♎	la Balance.
Scorpio	♏	le Scorpion.
Sagittarius	♐	le Sagittaire.
Capricornus	♑	le Capricorne.
Aquarius	♒	le Verseau.
Pisces	♓	les Poissons.

Après avoir donné cette description, il ajoute: «Le sens emblématique du soleil est bien connu du Maçon éclairé et *inquisitif*. Et comme le soleil réel est situé au centre de l'univers, ainsi le soleil emblématique est le centre de la *réelle* Maçonnerie. Nous savons tous que le soleil est la fontaine de lumière, la source des saisons, la cause des vicissitudes du jour et de nuit, le père de la végétation, l'ami de l'homme: par là , le savant Maçon connaît seul la raison pour laquelle on a placé le soleil au centre de cette belle salle. »

Les Maçons, pour se mettre à l'abri des persécutions de l'église chrétienne, ont toujours parlé dans leurs loges d'une manière mystique de la figure du soleil; ou, comme l'astronome Lalande qui est maçon, ils ont gardé le silence...

Les loges des *francs-Maçons*, quand on les a bâties pour leur destination, sont construites de manière à correspondre avec le cours apparent du soleil. Elles sont situées orient et occident. La place du Maître est toujours à *l'orient*. Dans l'examen de l'apprenti, le Maître, entre autres questions lui demande :

— Comment la loge est-elle située ?

— Orient et Occident.

— Pourquoi cela ?

— Parce que toutes les *églises* et *chapelles* sont ou doivent être ainsi. Cette réponse, pur formulaire du *catéchisme*, n'est pas une réponse à la question. C'est uniquement reculer la question pour cette autre question: « Pourquoi les églises sont-elles situées ainsi ? » Mais comme l'apprenti n'est pas initié dans les mystères druidiques de la Maçonnerie, on ne lui fait aucune question qui puisse l'amener à une réponse directe.

— Où se tient votre Maître ?

— A l'orient.

— Pourquoi ?

—Comme le soleil se lève à l'Orient et ouvre le jour, ainsi le Maître se tient debout, à l'Orient (la main droite sur le sein gauche, ce qui est un signe, et l'équerre autour de son cou) pour ouvrir la loge et mettre ses hommes à l'ouvrage.

— Où se tiennent vos surveillants ?

— A l'Occident.

— Pourquoi faire ?

—Comme le soleil se couche à l'Occident pour fermer le jour, ainsi les surveillants se tiennent à l'Occident (la main droite sur le sein gauche, ce qui est un signe, et l'équerre et l'à-plomb autour du col) pour fermer la loge, renvoyer les hommes du travail, et payer leurs gages.

Le nom du soleil se trouve dans cette réponse; mais il est bon d'observer qu'ici il n'a d'autre rapport qu'au travail et au temps du travail, et nullement à aucun rite ou cérémonie de la religion druidique, comme il devrait en avoir, par rapport à la situation des loges Orient et Occident.

J'ai déjà observé dans le chapitre sur l'Origine de la religion chrétienne que la situation des églises, orient et occident, est prise de l'adoration du soleil, qui se lève en Orient; et qui n'a pas le moindre rapport avec un homme qu'on dit être né à Bethléem. Les chrétiens n'enterrent jamais leurs morts au nord d'une église, et la loge d'un Maçon a toujours, ou doit toujours avoir, trois fenêtres, qui sont appelées lumières fixes, pour les distinguer des lumières mobiles du soleil et de la lune. Le maître demande à l'apprenti :

— Où sont-elles (les lumières fixes) situées ?

— A l'Orient, à l'Occident et au Sud.

— A quoi servent-elles ?

— A éclairer les hommes qui vont à leur ouvrage et qui en reviennent.

— Pourquoi n'y a-t-il point de lumière au nord ?

— Parce que le soleil n'y lance aucun rayon.

Ce trait là, parmi un très grand nombre d'autres, montre que la religion chrétienne et la Maçonnerie ont une seule et même origine, l'ancienne adoration du soleil.

La grande fête des Maçons est ce qu'ils appellent le jour de Saint-Jean ; mais tout Maçon éclairé doit savoir que cette fête, célébrée ce jour-là, ne peut avoir aucun rapport avec la personne appelée saint Jean ; et que c'est uniquement pour en déguiser la véritable cause, qu'ils ont nommé ce jour-là, *la saint-Jean.* Comme il y avait des maçons, ou pour mieux dire, des Druides, plusieurs siècles avant saint Jean, si toutefois un tel personnage a jamais existé, le jour choisi pour la fête de la Maçonnerie doit avoir une autre cause totalement étrangère à Jean.

Voici le fait : le jour appelé jour de saint Jean est le 24 juin, vulgairement pris pour la mi-été. Le soleil alors est arrivé au solstice d'été; et observé en plein midi, il paraît pendant quelques jours à la même hauteur. Le plus long jour astronomique, comme le jour le plus court, n'est pas tous les ans, à cause de l'année bissextile, le même jour numérique, et c'est pour cela que le 24 juin est toujours pris pour la mi-été et c'est en l'honneur du soleil, qui est alors à sa plus grande hauteur sur notre hémisphère, et nullement ici par rapport à saint Jean, que cette fête annuelle des maçons, prise des Druides, est célébrée à la mi-été.

Les coutumes survivent souvent aux ressouvenirs de leur origine, et c'est précisément ce qui nous arrive, pour une coutume encore en usage en Irlande, où les Druides florissaient, au temps où ils florissaient dans la Grande-Bretagne. La veille du jour de Saint-Jean, c'est-à-dire la veille du jour de la mi-été, les feux irlandais s'allument sur le sommet des montagnes. Cette coutume n'a aucun rapport avec saint Jean, mais bien avec le soleil qui, ce jour-là, est à son plus haut degré d'élévation d'été, et où il arrive, comme on pourrait le dire en langage populaire, *au sommet* de la montagne.

Quant à ce que les Maçons, et les livres des Maçons, nous disent du Temple de Salomon à Jérusalem, il n'est pas improbable qu'ils aient tiré quelques cérémonies maçonniques de la construction de ce temple, puisque l'adoration du soleil était en usage, plusieurs siècles avant l'existence de ce temple, ou même avant que les Israélites fussent venus d'Égypte. Et nous apprenons par l'histoire des rois juifs (II Rois, chap. 22 et 25) que les Juifs adoraient le soleil dans ce temple. On peut douter néanmoins qu'on y mît la même pureté de science, et cette moralité religieuse des anciens Druides, dont l'histoire nous a toujours parlé comme d'une classe d'hommes recommandables par leur sagesse, leur savoir et leur morale. Les Juifs, au contraire, ne connaissant ni l'astronomie, ni la science en général, il est presque certain que, si une religion fondée sur l'astronomie est tombée dans leurs mains, ils l'ont corrompue. Nous ne lisons dans l'histoire des Juifs, ni dans la bible, ni ailleurs, qu'ils aient inventé ou perfectionné un art ou une science. Et même dans la construction de ce temple, les Juifs ne savaient ni équarrir, ni joindre le bois pour commencer ou continuer l'ouvrage, et Salomon fut obligé de s'adresser à Hiram, roi de Tyr (Sidon) pour lui procurer des ouvriers ; « car tu vois, dit Salomon à Hiram qu'il n'y a personne parmi nous qui sache employer le bois (I Rois, chap. 5, v. 6) ». Ce temple était plutôt le temple d'Hiram que le temple de Salomon; et si les Maçons ont tiré quelque chose de la construction de ce temple, c'est aux Sidoniens et non pas aux Juifs qu'ils le doivent.

Revenons à l'adoration du soleil dans ce temple.

On lit au deuxième livre des Rois, chap. 23, v. 5 : « Et le roi Josias détruisit tous les prêtres idolâtres qui brûlaient de l'encens au soleil, à la lune et à toute la troupe céleste ». L'on dit au 11e vers : « et il emporta tous les chevaux que les rois de Juda avaient donnés au soleil, à l'entrée de la maison du Seigneur, et il brûla les chars du soleil (vers. 13) et les hauts-lieux devant Jérusalem, qui étaient à la droite de la montagne de Corruption, que Salomon, roi d'Israël, avait bâtie pour Astaroth, l'abomination des Sidoniens, (le peuple qui bâtit véritablement le temple) le Roi les détruisit. »

Ajoutez, à ces observations, la description que Josèphe nous donne des décorations de ce temple, qui représentent dans leur ensemble les décorations d'une loge de Maçons. Il dit que la distribution des diverses parties du temple des Juifs représentait toute la nature, et particulièrement les parties les plus apparentes, comme le soleil, la lune, les planètes, le zodiaque, la terre, les éléments, et que *le système* du monde y était retracé par nombre d'emblèmes ingénieux. Voilà sans doute ce que Josias, dans son ignorance, appelait l'abomination des Sidoniens.

(Smith dit, en parlant d'une loge, que lorsqu'une loge est révélée à un maçon, elle lui découvre *une représentation du monde*, dans laquelle, par les miracles de la nature, nous sommes conduits à contempler son grand *original* (modèle) et à l'adorer dans ses puissants ouvrages ; et par là nous sommes aussi excités à exercer ces vertus morales et sociales qui conviennent au genre humain, comme les serviteurs du grand architecte du monde).

Quoi qu'il en soit, tout ce qu'on a tiré de ce temple (et il faut observer ici, par parenthèse, que la loi appelée la loi de Moïse n'avait pas encore d'existence, lors de la construction de ce temple), c'est une représentation des choses qui sont en haut dans les cieux, et qui sont en bas sur la terre. Et nous lisons dans le premier livre des Rois, chap.6 et 7, que Salomon fit des *esprits célestes* et des chérubins; qu'il couvrit toutes les murailles de la maison, au dedans et au dehors, de chérubins, de palmes et de fleurs *entr'ouvertes* et qu'il fit une mer fondue, placée sur douze bœufs, et que les bords étaient ornés de bœufs et de chérubins. Or tout ceci est contraire à la loi appelée la loi de Moïse, et appliqué à la Maçonnerie a toujours rapport à l'adoration du soleil, quoique corrompue et mal entendue par les Juifs, et se rapporte conséquemment à la religion des Druides.

Une autre circonstance qui montre que la Maçonnerie est tirée de quelque ancien système antérieur et sans liaison à la religion chrétienne, c'est la chronologie et l'usage de compter le temps, dont se servent les Maçons dans les archives de leurs loges. Ils ne font point usage de ce qu'on appelle l'ère chrétienne, et ils comptent leurs mois numériquement, comme le faisaient jadis les Égyptiens, et comme le font aujourd'hui les *Quakers*.

J'ai sous les yeux un rapport d'une loge française, lorsque le feu duc d'Orléans, alors duc de Chartres, était Grand Maître de la Maçonnerie de France. Il commence ainsi :

«Le trentième jour du sixième
mois de la V.L. cinq mille
sept cent soixante-treize[2]*.»*

Et j'observai encore que dans les livres anglais sur la Maçonnerie, les Maçons anglais employant les initiales A. L., et non pas V. L. Par A. L. ils entendent l'année de la loge, comme les chrétiens par A.D. *anno domini*, l'année du Seigneur. mais A.L. comme V.L. ont rapport à quelque ère chronologique, c'est-à-dire au temps supposé de la Création.

Quoique les Maçons ayant pris plusieurs de leurs cérémonies et hiéroglyphes des anciens Égyptiens, il est certain qu'ils n'ont pas pris de là leur chronologie: s'ils l'eussent fait, l'église chrétienne les aurait envoyés à l'échafaud; en ce que la chronologie des Égyptiens, comme celle des Chinois, date de plusieurs siècles avant la chronologie de la bible.

La religion des Druides, comme nous l'avons dit plus haut, était la même que la religion des anciens Égyptiens. Les prêtres d'Égypte professaient et enseignaient la Science : on les nommait prêtres d'*Héliopolis*, c'est-à-dire de la ville du soleil. Les Druides, en Europe, qui étaient une même classe d'hommes, tiraient leur nom du *Teuton*, ancien langage des Germains; les Germains ayant été anciennement appelés *Teutons*. Le mot *druide* signifie *Homme sage*, (dépositaires et possesseurs des sciences) : en Perse on les appelait *Mages*, ce qui signifie la même chose.

«L'Égypte, dit Smith, d'où nous tirons plusieurs mystères, a toujours tenu un rang distingué dans l'histoire, et fut jadis la plus renommée de toutes les contrées, par ses antiquités, par le savoir, l'*opulence* et la fécondité. Dans leur système, leurs principaux héros-dieux, Osiris et Isis, représentent théologiquement l'Être suprême et l'universelle nature, et physiquement les deux grands luminaires, le soleil et la lune, dont l'influence s'étend sur toute la nature. «Les frères *éprouvés* de la société, dit encore Smith, dans une note sur ce passage, sont *bien informés* de l'affinité de ces symboles avec la Maçonnerie, et pour quelles raisons on s'en sert dans les loges maçonniques. »

En parlant de l'appareil ou du *vêtir* des maçons dans leurs loges, dont une partie, comme nous le voyons dans leurs *processions* publiques, est un tablier de peau blanche, il dit : « Les Druides étaient vêtus de blanc, lors de leurs sacrifices et de leurs *offices* (travaux) solennels; les prêtres égyptiens d'Osiris, étaient vêtus d'un coton blanc de neige, les prêtres grecs et la plupart des autres prêtres étaient vêtus de blanc. Comme Maçons, nous regardons les principes de ceux *qui furent les premiers adorateurs du vrai dieu*, nous imitons leur vêtement, et nous prenons *la marque* de l'innocence. »

«Les Égyptiens, continue Smith, dans les premiers âges, constituèrent un grand nombre de loges; mais ils cachaient avec un soin assidu *leurs secrets* de Maçonnerie aux étrangers ; ces secrets nous ont été imparfaitement transmis par une tradition *orale* seulement, et doivent être soigneusement cachés aux travailleurs, aux compagnons et aux apprentis, jusqu'à ce que, par une bonne conduite et de longues études, ils soient mieux instruits dans la géométrie et dans les arts libéraux, et, par là, dignes d'êtres maîtres et surveillants, ce qui est rarement ou jamais le cas avec les Maçons anglais. »

A l'article Franc-Maçonnerie, écrit par l'astronome Lalande, dans *l'encyclopédie française*, je m'attendais, d'après ses grandes connaissances en astronomie, d'y trouver beaucoup de renseignements sur l'origine de la Maçonnerie; car quelle liaison peut-il y avoir entre une institution quelconque et le soleil et les douze signes du zodiaque, s'il n'y a rien dans cette institution ou dans son origine, qui ait quelques rapports avec l'astronomie.

Tout ce qu'on emploie, comme hiéroglyphe, a rapport au sujet et au dessein pour lequel on l'emploie, et nous ne pouvons pas supposer que les Francs-Maçons, parmi lesquels on trouve beaucoup d'hommes instruits et très savants, fussent assez idiots pour se servir de signes astronomiques, sans aucun dessein astronomique.

Mais je fus bien trompé par mon attente sur

Lalande. Il dit en parlant de l'origine de la Maçonne-rie: «*L'origine de la Maçonnerie se perd comme tant d'autres, dans l'obscurité des temps*[3].» Quand je trouvai ce passage, je soupçonnai que Lalande était Maçon, et je trouvai ensuite qu'il était, en effet, Maçon. Cette grande enjambée le sauva de l'embarras où se trouvent les Maçons, par rapport à la découverte de leur origine, qu'ils s'obligent, par *serment*, à tenir *cachée*.

Il y a une société de Maçons, à Dublin, qui a pris le nom de Druides.

On doit supposer que ces Maçons ont eu quelque raison pour prendre ce nom-là.

---

1. On a assez peu l'habitude de voir les druides associés aux sciences astrologiques. Le texte de l'*Henes Taliessin*, témoigne, au contraire, de la passion d'un druide pour le sujet. Cf. annexe IV, le texte de l'*Henes Taliessin* et le commentaire de Philippe Camby sur le sujet : Un zodiaque druidique : le zodiaque de Taliesin.
2. En français dans le texte.
3. En français dans le texte.

I I I

Nous avons à parler maintenant de la cause du secret des Maçons.

La source naturelle du secret est *la crainte*.

Lorsqu'une religion nouvelle renverse une ancienne religion, les professeurs de la *nouvelle* deviennent les persécuteurs de l'ancienne. Nous en voyons des exemples à toutes les pages de l'histoire. Quand Hilkinh, le prêtre, et Shaphan, le scribe, sous le règne de Josias, trouvèrent, ou prétendirent trouver, la loi appelée la loi de Moïse, un siècle après Moïse (et il ne paraît pas, d'après le deuxième livre des Rois, chap.22 et 25, qu'une telle loi eût jamais été pratiquée ou connue avant le règne de Josias), il établit cette loi comme une religion *nationale* et mit à mort tous les prêtres du soleil. Quand la religion chrétienne renversa la religion juive, les Juifs furent persécutés dans tous les pays chrétiens. Quand la religion protestante, en Angleterre, renversa la religion catholique romaine, tout prêtre catholique, trouvé en Angleterre, était mis à mort. Comme ces persécutions ont toujours eu lieu dans tout ce que l'histoire nous offre de la terrible lutte des réformateurs, nous sommes obligés de l'admettre comme principe, dans la question dont il s'agit.

Ainsi quand la religion chrétienne renversa la religion des druides en Italie, dans l'ancienne Gaule, dans la Grande-Bretagne et en Irlande, les Druides devinrent l'objet de la persécution. Ce qui naturellement, et nécessairement, obligea ceux d'entre eux qui restaient attachés à leur religion originelle, de se réunir en secret, et sous les plus fortes injonctions du secret. Leur sûreté en dépendait.

Un faux frère pouvait exposer la vie de plusieurs d'entr'eux : et des restes de la religion des *druides*, ainsi conservés, une Institution s'est formée, dont tous les membres, pour éviter le nom de *druides*, prirent celui de Maçons, et ils pratiquent, sous ce nouveau nom, les rites et les cérémonies des Druides.

ON THE ORIGIN OF FREE-MASONRY

It is always understood that Free-Masons have a secret, which they carefully conceal; but from every thing that can be collected from their own accounts of Masonry their real secret is no other than their Origin, which but few of them understand ; and those who do, envelope it in mystery.

The society of Masons are distinguished into three classes or degrees :

1st The Entered Apprentice.

2d The Fellow-craft ;

3d The Master Mason.

The Entered apprentice knows but little more of Masonry, than the use of signs and tokens, and certain, steps and words, by which Masons can recognise each other, without being discovered by a person who is not a mason.

The fellow-craft is not much better instructed in Masonry than the entered apprentice.

It is only in the Master Mason's Lodge, that whatever knowledge remains of the origin of Masonry is preserved and concealed.

In 1730, Samuel Pritchard, member of a constituted Lodge in England, published a treatise entitled: *Masonry dissected*; and made oath before the Lord Mayor of London that it was a true copy.

»Samuel Pritchard maketh oath that the copy hereunto annexed is a true and genuine copy in every particular.» In his work he has given the catechism, or examination in question and answer, of the apprentice, the fellow-craft and the Master Mason. There was no difficulty in his doing this, as it is mere form.

In his introduction he says : « The original institution of Masonry consisted in the foundation of the liberal arts and sciences, but, more especially on Geometry ; for the building of the Tower of Babel, the art and mystery of Masonry was first introduced, and from thence handed down by Euclid, a worthy and excellent Mathematician of the Egyptians, and he communicated it to Hiram, the Master Mason

concerned in building Solomon's temple in Jerusalem.
»

Besides the absurdity of deriving Masonry from the building of Babel, where according to the story, the confusion of languages prevented the builders understanding each other, and consequently of communicating any Knowledge they had, there is a glaring contradiction in point of chronology in the account he gives.

Solomon's Temple was built and dedicated 1004 years before the christian era ; and Euclid, is may be seen in the tables of chronology, lived 277 years before the same era; it was therefore impossible, that Euclid could communicate any thing to Hiram, since Eucid did not live till 700 years after the time of Hiram.

In 1783 captain George Smith, inspector of the Royal-Artillery-Academy, at Woolwich in England, and Provincial Grand-Master of Masonry for the county of Kent, published a treatise entitled *The use and abuse of free Masonry*.

In his chapter of the antiquity of Masonry he makes it to be coeval with creation.

«When, says he, the Sovereign architect raised on masonic principles, the beauteous globe, and commanded that Master science, Geometry, to lay the planetary world, and to regulate, by its laws, the whole stupendous system in just unerring proportion, rolling round the central sun » —

»But, continues he, I am not at liberty, publicy to undraw the currain, and openly to discant on this head; it is sacred, and ever will remain so. Those who are honoured with the trust will not reveal it, and those who are ignorant of it cannot betray it ». —

By this last part of the phrase, Smith, means the two inferior classes, the fellow-craft and the entered apprentice, for he says in the next page of his work :

»It is not every one that is barely initiated into Free-Masonry that is entrusted with all the mysteries thereto belonging ; they are not attainable as things of course, nor by every capacity. »

The learned but unfortunate Doctor Dodd, grand chaplain of Masonry, in his oration at the dedication of Free-Mason's-Hall, London, traces Masonry thro' a variety of stages :

» Masons, says he, are Well-Informed from their own private and interior records, that the building of Solomon's Temple is an important *era*, from whence they derive many mysteries of their art. Now, says he, be it remembered that this great event took place above 1000 years before the christian Era, and consequently more than a century before Homer, the first of the Grecian poets, wrote ; and above five centuries, before Pythagoras brought from the East, his sublime system of truly masonic instruction to Illuminate our western world.

» But remote as this period is, we date not from thence the commencement of our art. For though it might owe to the wise and glorious king of Israel, some of its many mystic forms and hieroglyphic ceremonies, yet certainly the art itself is coeval with man the great subject of it ».

» We trace, continues he, its footsteps in the most distant, the most remote ages and nations of the world. We find it among the first and most celebrated, of civilizers of the East ; We deduce it regularly from the first astronomers on the plains of Chaldea, to the wise and mystic kings and priests of Egypt, the sages of Greece and the philosophers of Rome. »

From these reports and declarations of Masons of the highest order in the institution, we see that Masonry, without publicly declaring so, lays claim to some divine communication from the Creator, in a manner different from, and unconnected with, the book which the christians call the Bible; and the natural result from this is, that Masonry is derived from some very ancient religion wholly independent of, and unconnected with that book..

To come then at once to the point, Masonry (as I shall shew from the customs, ceremonies, hieroglyphics and chronology of Masonry), is derived from, and is the remains of the religion of the ancient Druids, who like the Magi of Persia and the Priests of Heliopolis in Egypt, were Priests of the Sun. They paid worship to this great luminary, as the great visible agent of a great invisible first cause, whom they stiled, Time without limits.»

In Masonry many of the ceremonies of the Druids are preserved in their original state, at least without any parody. With them the sun is still the sun ; and his image, in the form of the sun, is the great emblematical ornament of masonic lodges and masonic dresses. It is the central figure on their aprons, and they wear it also pendant, on the breast, in their lodges, and in their processions.

At what period of antiquity or in what nation, this religion was first established, is lost in the labyrinth of unrecorded times; it is generally ascribed to the ancient Egyptians, the Babylonians and Chaldeans, and reduced afterwards to a system regulated by the apparent progress of the sun, through the 12 signs of the zodiac by Zoroaster; the law-giver of Persia, from whence Pythagoras brought it into Greece. It is to these matters Dr. Dodd refers in the passage already quoted from his oration.

The worship of the sun as the great visible agent of a great invisible first cause (Time without limits), spread itself over a considerable part of Asia and Africa, from thence to Greece and Rome, through all ancient Gaul and into Britain and Ireland.

Smith, in his chapter of the antiquity of Masonry in Britain, says, that, » Notwith-standing the obscurity which envelopes Masonic history in that country, various circumstances, contribute to prove that Free-Masonry was introduced into Britain about 1030 years before Christ ».

It cannot be Masonry, in its present state, that Smith here alludes to.

The Druids flourished in Britain at the period he speaks of, and it is from them that Masonry is descended. Smith has put the child in the place of the parent.

It sometimes happens, as well in writing as in conversation, that a person lets slip an expression that serves to unravel what he intends to conceal, and this is the case with Smith ; for in the same chapter he says :

» The Druids when they committed any thing to writing, used the greek alphabet, and I am bold to assert, that the most perfect remains of the Druids rites and ceremonies are preserved in the customs and ceremonies of the Masons, that are to be found existing among mankind.

« My brethren, says he, may be able to trace them with greater exactness than I am at liberty to explain to the public ». This is a confession from a Master Mason, without intending it to be understood by the public, that Masonry is the remains of the religion of the Druids ; the reason for the Masons keeping this a secret I shall explain in the course of this work.

As the study and contemplation of theCreator in the works of the Creation of which the sun as the great visible agent of that being, was the visible object of the adoration of Druids, all their religious rites and ceremonies, had reference to the apparent progress of the sun through the twelve signs of the zodiac, and his influence upon the earth. The Masons adopt the same practices. The roof of their temples or lodges is ornamented with a sun, and the floor is a representation of the variegated face of the earth, either by carpeting or mosaic work.

Free-Mason's Hall, in Great Queen-street, Lincolns Inn fields, London, is a magnificent building, and cost upwards of 12.000 pounds sterling. Smith, in speaking of this building, says (page 152): » The roof of this magnificent Hall is, in all probability the highest piece of finished architecture in Europe. In the center of this roof, a most resplendent sun is represented in burnished gold, surrounded with the twelve signs of the Zodiac, with their respective characters :

Aries, Taurus, Gemini, Cancer, Leo, Virgo, Libra, Scorpio, Sagittarius, Capricornus, Aquarius, Pisces.

After giving this description he says: «The emblematical meaning of the sun is well known to the enlightened and inquisitive Free-Mason ; and as the real sun is situated in the center of the universe, so the emblematical sun is the center of real Masonry. We all know, continues he, that the sun is the fountain of light, the source of the seasons, the cause of the vicissitudes of day and night, the parent of vegetation, the friend of man ; hence the scientific Free-Mason only knows the reason why the sun is placed in the center of this beautiful hall. The Masons, in order to protect themselves from the persecution of the christian church, have always spoken in a mystical manner of the figure of the sun, in their lodges, or like the astronomer Lalande, who is a Mason, been silent upon the subject...

The lodges of the Masons, if built for the purpose, are constructed in a manner to correspond with the apparent motion of the sun. They are situated East and West. The Master's place is always in the East. In the examination of an Entered apprentice,... the Master among many other questions asks him :

Q. How is the lodge situated ?

a. East and West.

Q. Whyso?

a. Because all churches and chapels are or ought to be so.

This answer, which is mere catechismal form, is not an answer to the question. It does no more than remove the question a point further, which is : » Why ought all churches and chapels to be so ? » But as the entered apprentice is not initiated into the druidical mysteries of Masonry, he is not asked any questions to which a direct answer would lead thereto.

Q. Where stands your Master ?

a. In the East.

Q. Why so?

a. As the sun rises in the East and opens the day, so the Master stands in the East (with his right hand upon his left breast, being a sign, and the square about his neck) to open the lodge and let his men at work.

Q. Where stand your Wardens ?

a. In the West.

Q. What is their business ?

a. As the sun sets in the West to close the day, so the Wardens stand in the West, (with their right hand upon their left breast, being a sign, and the level and plumb, rule about their necks) to close their lodge, and dismiss the men from labour, paying them their wages.

Here the name of the sun is mentioned, but it is proper to observe, that in this place it has reference only to labour or to the time of labour, and not to any religious Druidical rite, or ceremony, as it would have with respect to the situation of the Lodges, East and West.

I have already observed in the chapter on the origin of the christian religion, that the situation of churches, East and West, is taken from the worship of the sun, which rises ill the East, and has not the least reference to a man said to be born in Bethelehem. The christians never bury three dead on the north side of a church, and a Mason's Lodge, always has, or is supposed to have, their windows, which are called fixed lights, to distinguish them from the moveable lights of the sun and the moon. The Master asks the Entered apprentice :

Q. How are they (the fixed lights) situated ?

a. East, West and South.

Q. What are their uses ?

a. To light the men to and from their work.

Q. Why are there no lights in the North ?

a. Because the sun darts no rays from thence.

This among ether numerous instances shews that the christian religion and Masonry have one and the same common origin, the ancient worship of the sun.

The high festival of the Masons is on the day, they call St.-John's day ; but every enlightened Mason must know that holding their festival on this day has no reference to the person called St. John ; and that it is only to disguise the true cause of holding it on this day, that they call the day by that name. As there were Masons, or at least Druids, many centuries before the time of St.-John, if such person ever existed, the holding their festival on this day must refer to some cause totally unconnected with John.

The case is, that the day called St-John's-day is the 24th of June, and is what is called Midsummer-Day. The sun is then arrived at the summer solstice ; and with respect to his meridional altitude, or height at high noon, appears for some days to be of the same height. The astronomical longest day, like the shortest day, is not every year, on account of leap year, on the same numerical day, and therefore the 24th of June is always taken for midsummer day, and it is in honour of the sun, which has then arrived at its greatest height in our hemisphere, and not any thing with respect to St.-John, that this annual festival of me Masons, taken from the Druids, is celebrated on midsummer day.

Customs will often outlive the remembrance of their origin, and this is the case with respect to a custom still practised in Ireland, where the Druids flourished at the time they flourished in Britain. On the eve of St-John-Day, that is, on the eve of midsummer day, the Irish light fires on the tops of the hills. This can have no reference to St-John ; but it has emblematical reference to the sun, which on that day is at its highest summer elevation, and might in common language be said to have arrived at the top of the hill.

As to what Masons and books of Masonry tell us of Solomon's temple at Jerusalem, it is no ways improbable that some masonic ceremonies may have been derived from the building of that temple, for the worship of the sun was in practice many centuries before the temple existed, or before the Israelites came out of Egypt ; and we learn from the history of the Jewish kings, 2 kings chap. 22, 23, that the worship of the sun was performed. by the Jews in that temple. It is however much to be doubted, if it was done with the same scientific purity and religious morality, with which it was performed by the Druids, who by all accounts that hystorically remain of them, were a wise, learned, and moral class of men. The Jews, on the contrary, were ignorant of astronomy and of science in general, and if a religion founded upon astronomy fell into their hands, it is almost certain it would be corrupted. We do not read in the history of the Jews, whether in the bible or elsewhere, that they were the inventors or improvers of anyone art or science. Even in the building of this temple, the Jews did not know how to square and frame the timber for beginning and carrying on the work, and Solomon was obliged to send to Hiram king of Tyre (Zidon) to procure work.men, *for thou knowest* (says Solomon to Hiram, I Kings, chapter 5, v.6) *that there is not among us any that can skill to hew timber like unto the Zidonians.»* This temple was more properly Hiram's temple than Solomon's, and if the Masons derive any thing from the building of it, they owe it to the Zidonians and not to the Jews.

But to return to the worship of the sun in this temple.

It is said, 2 Kings, chapter 23, v.5, »and king Josiah put down all the idolatrous priests that burned incence unto the sun, the moon, the planets, and to all the host of heaven.»— And it is said at the 11 verse, » and he took. away the horses, that the kings of Judah, had given to the sun at the entering in of the house of the Lord, and burned the chariots of the sun with fire v. 13, and the high places that were before Jerusalem, which were on the right hand of the mount of corruption, which Solomon the k.ing of Israel had builded for Astoreth, the abomination of the Zidonians(the very people that built the temple) did the king defile.

Besides these things, the description that Josephus gives of the decorations of this temple, ressemble on a large scale those of a Mason's lodge. He says that the distribution of the several parts of the temple of the Jews represented all nature, particularly the parts most apparent of it, as the sun, the moon, the planets, the zodiac, the earth, the elements, and that the system of the world was retraced there, by numerous ingenious emblems. These, in all probability, are what Josiah, in his ignorance, calls the abomination of the Zidonians.

(Smith, in speaking of a lodge, says : » When the

lodge is revealed to an entering, Mason, it discovers to him *a representation of the world* ; in which from the wonders of nature, we are led to contemplate her great Original, and worship *him* from his mighty works; and we are thereby also moved to exercise those moral and social virtues, which become mankind as the servants of the great Architect of the world.)

Every thing, however, drawn from this temple, — (It may not be improper here to observe, that the law, called the law of Moses, could not have been in existence at the time of building this temple. Here is the likeness of things in heaven above and in earth beneath, and we read in I kings, chapter 6, 7, that Salomon made cherubs, and cherubims, that he *carved* all the walls of the house round about with cherubims and palm-trees, and open flowers, and that he made a molten-sea, placed on twelve oxen, and that the ledges of it were ornamented with lions, oxen and cherubims; all this is contrary to the, law called the law of Moses.)—and applied to Masonry, still refers to the worship of the sun, however corrupted or misunderstood by the Jews, and consequently to the religion of the Druids.

Another circumstance, which shews that Masonry is derived from some ancient system, prior to, and unconnected with, the christian religion, is the chronology, or method of counting time, used by the Masons in the records of their lodges. They make no use of what it called the christian Era, and they reckon their months numerically as the ancient Egyptians did, and as the Quaker do now.

I have by me a record of a French-Lodge at the time the late Duke of Orleans, then Duke of Chartres, was Grand Master of Masonry in France. It begins as follows :

« Le trentième jour du sixième
mois de l'an de la V.L. cinq
mil sept cent soizante-
treize,»

that is, The thirtieth day of the sixth month, of the year of the venerable lodge, five thousand seven hundred and seventy-three.

By what I observe in english books of Masonry, the English Masons use the initials A. L. and not V. L. By *a. L. they mean in the year of the Lodge*, as the christians by A. D. mean the year of the Lord ; but A. L. like V. L. refers to the same chronological Era, that is to the supposed time of the Creation...

Though the Masons have taken many of the ceremonies and Hieroslyphics from the ancient Egyptians, it is certain they have not taken their chronology from thence. If they had, the church would soon have sent them to the stake ; as the chronology of the Egyptians, like that of the Chinese, goes many thousand years beyond the bible chronology.

The religion of the Druids, as before said, was the same as the religion of the ancient Egyptians. The priests of Egypt were the professors and teachers of science, and were styled priests of Heliopolis, that is, of the *city of the sun*. The Druids in Europe, who were the same order of men, have their name from the Teutonic or ancient German langage; the Germans being anciently called *Teutones*. The word *druid* signifies *a wise man*. In Persia they were called *Magi*, which signifies the same thing.

»Egypt, says Smith, from whence we derive many of our mysteries hath, always borne a distinguished rank in history, and was once celebrated above all others for its antiquities, learning, opulence, and fertility. In their system, their principal hero-gods, Osiris and Isis, theologically represented the supreme Being and universal nature, and physically, the two great celestial luminaries, the sun and moon, by whose influence all nature was actuated. The experienced brethren of the society (says Smith in a note to this passage) are Well Informed what affinity these symbols bear to Masonry, and why they are used in all masonic lodges. »

In speaking of the apparel of the Masons in their lodges, part of which, as we see in their public processions, is a white leather apron, he says: » The Druids were appareled in white at the time of their sacrifices and solemn offices. The Egyptian Priests of Osiris wore snow-white cotton. The Grecian and most other priests wore white garments. As Masons we regard the principles of those, who were *the first worshippers of the true God*, imitate their apparel, and assume the badge of innocence ».

» The Egyptians, continues Smith, in the earliest ages, constituted a great number of lodges, but with assiduous care, kept their secrets of Masonry from all strangers; those secrets have been imperfectly handed down to us, by *oral tradition only*, and ought to be kept undiscovered to the labourers, craftmen and apprentices, till by good behaviour and long study, they become better acquainted in Geometry and the liberal arts; and thereby qualified for Masters and Wardens, which is seldom or ever the case with English Masons. »

Under the head of *free-Masonry*, written by the astronomer La Lande, in the French Encyclopedia, I expected from his great knowledge in astronomy, to have found much information on the Origin of Masonry ; for what connection can there be between any institution and the sun and the twelve signs of the zodiac, if there be not something in that institution, or in its origin that has reference to astronomy.

Every thing used as an hieroglyphic has reference to the subject and purpose for which it is used ; and we are not to suppose the Free-Masons, among whom are many very learned and scientific men, to be such Idiots as to make use of astronomical signs without some astronomical purpose.

But I was much disappointed in my expectation from La Lande. In speaking of the Origin of Masonry, he says : » *L'origine de la Maçonnerie se perd, comme tant d'autres, dans l'obscurité des temps.*» That is, «the origin of Masonry, like many others, loses itself in the obscurity of time ». When I came to this expression, I supposed La Lande a Mason, and on enquiry found he was. This *passing-over* saved him from the embarrassment which Masons are under respecting the disclosure of their origin, and which they are sworn to conceal.

There is a society of Masons in Dublin, who take the name of Druids. These Masons must be supposed to have a reason for taking that name.

I come now to speak. of the cause of secresy used by the Masons.

The natural source of secresy is fear.

When a new religion over-runs a former religion, the professors of the new become the persecutors of the old ; we see this in all the instances that history brings before us. When Hilkiah the priest, and Shaphan, the scribe, in the reign of Josiah, found or pretended to find, the law, called the law of Moses, a thousand years after the time of Moses (and it does not appear from the 2d book of kings, chapter 22, 23. that such law was ever practised or known before the time of Josiah), he established that law as a national religion, and put all the priests of the sun to death. When the christian religion over-ran, the Jewish religion, the Jews were the continual subject of persecution in all christian countries ; when the protestant religion in England over-ran the roman catholic religion, it was made death for a catholic priest to be found in England. As this has been the case in all the instances we have any knowledge of, we are obliged to admit it with respect to the case in question.

And that when the christian religion over-ran the religion of the Druids, in Italy, ancient Gaul, Britain and Ireland, the Druids became the subject of persecution. This would naturally and necessarily obliges such of them as remained attached to their original religion to meet in secret, and under the strongest injunctions of secresy. Their safety depended upon it.

A false brother might expose the lives of many of them to destruction ; and from the remains of the religion of Druids, thus preserved, arose the Institution which, to avoid the name of Druid, took that of Mason, and practised under this new name, the rites and ceremonies of Druids.

Copyright © 2021 par FV Éditions
ISBN Ebook : 9791029911248
ISBN Livre broché : 9798599763642
ISBN Livre relié : 9791029911255
Tous Droits Réservés

Également Disponible